OBSERVATIONS

SUR LA DERNIÈRE LETTRE

DE

M. LOUIS BLANC

PAR

JEAN DE COLBERT

PARIS

E. DENTU, LIBRAIRE-ÉDITEUR

PALAIS-ROYAL, 17-19, GALERIE D'ORLÉANS

1872

Tous droits réservés

OBSERVATIONS

SUR LA DERNIÈRE LETTRE

DE

M. LOUIS BLANC

D'incontestables vérités se trouvent dans la lettre de M. Louis Blanc, je me permettrai toutefois de dire à l'éloquent publiciste : Vous dites avec raison que le seul souverain c'est la nation ; — que les élus du peuple ne peuvent être ses maîtres et que le mandat de l'Assemblée actuelle n'est pas illimité. — Mais entre proposer et imposer une constitution n'y a-t-il pas un abîme ? — Vous ne voulez pas de président, mais par quelle institution remplaceriez-vous un président ? Vous citez à l'appui de votre opinion une pétition qu'un nombre considérable de citoyens vient de présenter au congrès de Washington ; mais aux Etats-Unis toutes sortes de pétitions peuvent être signées et présentées au Congrès. Reste donc à savoir jusqu'à quel point le corps politique si savamment pondéré à qui la grande République a remis le soin de ses destinées, en tiendra compte et s'il ne l'enterrera pas comme tant d'autres qui lui ont été précédemment présentées.

Vous pensez que ce n'est point dans les conditions de désorganisation où elle était que la France a pu songer « à tirer de son sein une assemblée omnipotente. » — Omnipotente, évidemment non. — Mais comme vous le rappelez, l'Assemblée actuelle a été convoquée en vertu de l'article 2 de l'armistice « pour se prononcer sur la question de savoir » si la guerre devait être continuée ou à quelles conditions » la paix devait être faite. » — Or cette décision, ce traité de paix, n'étaient-ce point des questions d'un intérêt vital pour la nation; et, si le suffrage universel avait abandonné le soin de les régler à des hommes qui n'auraient pas joui de toute sa confiance, ne serait-ce pas la condamnation du suffrage universel? — Ce n'est point là ce que vous dites. Seulement, j'en ai l'intime conviction, vous vous exagérez le désordre et l'affaissement des esprits en Février 1871. — Y avait-il « ahurissement? » y avait-il « absence totale » de tout ce qui fait que l'on est maître de sa pensée? » — S'il en avait été ainsi, les élections n'auraient eu aucune nuance politique. On se serait contenté de nommer des hommes connus pour leur caractère ferme et honorable et on les eût pris indistinctement dans tous les partis — Vous dites qu'aucune liste ne s'intitula liste monarchique, mais faites attention que cela a dépendu bien plutôt des candidats que des électeurs. Il y avait des républicains qui voulaient la guerre à outrance, il y en avait d'autres qui voulaient la paix, mais ce qui se manifesta assez généralement dans le pays, ce fut une tendance à les écarter tous.

Les élections furent certainement plus légitimistes que la nation ; mais le choix de tant d'hommes appartenant à une seule et même fraction du parti monarchique ne peut se concilier avec l'hypothèse que les élections générales de 1871 furent faites en dehors de toutes préoccupations politiques.

— Il y eut donc réflexion, il y eut donc jugement ; et nous ne sommes pas en présence d'élections faites en quelque sorte à l'aveugle, mais en présence d'un mouvement de l'opinion parfaitement conforme au génie national. — Pour sortir d'un extrême on se jetait dans un autre. On ne voulait plus des républicains qui venaient de gouverner ; c'était donc vers les monarchistes les plus accentués qu'on se portait.

Quant au mandat de l'Assemblée, je ne puis admettre que le seul article 2 de l'armistice le détermine. D'ailleurs, en résulterait-il que ce mandat fût aussi limité que vous le pensez?

L'Assemblée pouvait continuer la guerre ; les conséquences terribles que pouvait avoir la continuation de la guerre étaient connues de tous ; et, quand on y songe, il faut bien reconnaître qu'à ce point de vue l'Assemblée avait reçu une mission de haute confiance et un pouvoir discrétionnaire ; et, d'autre part, dans l'hypothèse de la paix, les seuls pouvoirs confiés à cette Assemblée auraient été d'envoyer des plénipotentiaires et de prononcer sur les différents articles du traité ! Mais si vous poussez cette doctrine jusqu'à ses dernières conséquences, tant que la Commune de Paris n'attaquait pas les Prussiens ; tant qu'elle ne se refusait pas à participer pour sa quote-part au payement de l'indemnité de guerre, l'Assemblée n'avait pas le droit de requérir contre elle les forces nationales, et alors c'eut été le désordre et l'anarchie dans toute la France. Est-ce là ce que peut avoir voulu le suffrage universel? Or, limiter à la lettre des termes de l'article 2 de l'armistice les pouvoirs de l'Assemblée, n'était-ce pas rendre cette anarchie inévitable? Mais, par la même raison, l'Assemblée, après avoir voté la guerre, n'aurait pas eu la mission de la mener à bonne fin.

Ne tenez-vous pas trop peu compte d'un fait de la plus

haute importance? La faute la plus grave commise par le peuple de Paris en 1870 avait été d'introniser un gouvernement de fait qui n'avait point qualité pour traiter avec l'ennemi. En février 1871, il n'y avait en France ni institutions gouvernementales ni pouvoir ayant titre pour gouverner les Français ou pour prendre des engagements en leur nom.

Telle était la situation qu'un moment on put croire qu'un trait de plume de M. Gambetta, membre d'un gouvernement que la France n'avait pas élu, allait suffire à rendre inéligibles un nombre considérable de citoyens ; et que, d'autre part, il était clair que des soldats, par exemple les « volontaires de l'Ouest » n'obéissaient à ce même gouvernement que pour ne pas créer de nouvelles divisions en présence de l'ennemi.

La nécessité d'avoir un gouvernement autorisé et d'aviser à ce défaut absolu d'institutions gouvernementales était donc encore plus évidente même que la nécessité de traiter avec l'ennemi. Elle n'échappait à personne. Mais l'exposé de cette douloureuse situation ne pouvait se trouver dans une convention conclue avec l'Allemagne.

L'Assemblée a reçu un mandat spécial pour traiter avec l'ennemi ; c'est pour cela qu'elle a pu le faire sans consulter la nation, elle n'a point reçu de mandat spécial pour nous faire une constitution ; c'est pour cela qu'elle ne peut établir de lois constitutionnelles qu'avec le consentement du suffrage universel.

Mais la haute mission qui, dans la pensée de tous, s'imposait à l'Assemblée, c'était de faire rentrer la France dans une situation normale. Tout était renversé ; il était clair qu'il fallait réédifier.

Si cette Assemblée se séparait, nous léguant l'incertitude et cette absence d'institutions gouvernementales qui, en 1871, effrayait à juste titre toute la nation, elle aurait man-

qué au plus sacré de ses devoirs ; car elle était libre de faire
la paix ou la guerre, mais le mandat impératif que la force
des choses aussi bien que la volonté de presque toute la nation lui imposaient, c'était de rendre au pays des conditions
normales et régulières d'existence.

« S'il est vrai, dites-vous, qu'une constitution est la ga-
» rantie que prend la nation contre l'usurpation possible de
» ceux à qui elle confie le pouvoir législatif, exécutif et ju-
» diciaire, comment admettre que l'Assemblée actuelle
» exerce, en l'absence de tout mandat spécial, l'autorité
» constituante sans se mettre dans le cas d'un pouvoir qui
» détermine lui-même sa compétence, étend à volonté ses
» attributions, interprète sa mission à sa guise et détruit de
» la sorte la garantie que le but d'une constitution est juste-
» ment d'assurer. » — Cette objection serait pleine de force
si l'Assemblée pouvait nous imposer une constitution sans
l'aveu du suffrage universel ; mais que nous dit cette décla-
ration de M. Thiers dont vous citez les termes et qui constitue ce qu'on a appelé le « pacte de Bordeaux » : « Nous
» pourrons prononcer sur nos destinées, et ce jugement sera
» prononcé, non par une minorité, mais par la majorité des
» citoyens, c'est-à-dire par la volonté nationale elle-
» même. »

Le suffrage universel devra donc prononcer. Or, admet-
trait-il que nos représentants se déclarassent inamovibles ? A
la rigueur peut-être oui, s'il s'agissait d'une Assemblée nouvelle et jouissant de la popularité que donne une récente
élection. Mais l'Assemblée actuelle n'est plus l'objet d'aucun engouement. Il est donc certain qu'une fois une constitution votée, l'Assemblée devrait faire place à la législature
constitutionnelle. Or, si les constituants ont quelques raisons
de craindre que leurs successeurs ne soient des hommes ap-

partenant à d'autres partis qu'eux-mêmes, leur légueront-ils des pouvoirs illimités et oppressifs?

Je n'insisterai pas davantage sur ce fait que l'Assemblée actuelle est plus capable que ne le serait toute Assemblée nouvellement élue, de nous rédiger un projet de constitution. Si, dans le début, elle était peut-être trop l'expression d'un simple mouvement de l'opinion, depuis de nombreuses élections partielles l'ont modifiée; elle a acquis de l'expérience, et elle sait fort bien que des conclusions exagérées ne doivent pas être tirées des élections générales de 1871.

Surtout avec un peuple mobile et impressionnable comme nous le sommes, confier à une Assemblée qui vient d'être élue dans l'espace restreint de 24 ou de 48 heures, la mission de nous donner des lois constitutionnelles, n'est-ce pas vouloir fonder, sur l'impression d'un moment, des lois destinées à influer pendant de longues années sur tous les actes de la nation? N'est-ce pas rendre inévitable cette mobilité excessive des lois constitutionnelles que vous signalez comme un danger.

D'ailleurs une grave cause d'erreur capable d'exercer une influence dangereuse sur des élections générales n'est-elle pas née? Faute d'autre mot on a employé officiellement le mot de République, et de toutes parts on a répété : Nous sommes en République. Vous, l'une des voix les plus autorisées du parti démocratique, vous déclarez hautement que ce qui existe est essentiellement un provisoire, et d'ailleurs divers passages de votre lettre, notamment ceux qui ont trait à la question présidentielle et à la nature du mandat du député, montrent que, même si le système actuel de gouvernement réunissait quelques conditions de stabilité, il s'en faudrait de beaucoup qu'il répondît aux aspirations de tous les républicains. Mais l'erreur s'est accréditée.

Or aujourd'hui ce que l'on veut avant tout c'est la tranquillité et le repos ; ce que tout le monde sait par expérience, c'est que tout changement de gouvernement amène en général du désordre et du tumulte.

Beaucoup d'hommes essentiellement conservateurs sont malheureusement beaucoup trop étrangers à toutes les questions de la politique. L'erreur où ils sont c'est de voir des institutions là où il n'y en a pas. Pour eux nous avons une République que les monarchistes voudraient renverser, que les républicains par raison défendraient trop mollement, que seuls des républicains ardents soutiendront et maintiendront. C'est donc pour ceux-ci qu'ils votent, et vous reconnaîtrez, je crois, que cette théorie est en parfait rapport avec les élections qui ont eu lieu dans des départements essentiellement conservateurs tels que, par exemple, le Nord, la Somme, le Calvados, etc., etc.

Ayons des élections générales aujourd'hui, demain nous nous réveillerons avec une Assemblée presque toute républicaine. — Bientôt nous aurions une constitution toute démocratique. — En effet, il serait hors de toute probabilité qu'on n'accueillît pas de confiance l'œuvre d'une Assemblée qu'on viendrait d'élire. — Et alors qu'arriverait-il ? Le fonctionnement des nouvelles institutions ne tarderait pas à les faire connaître ; la nation se sentirait régie par des institutions contraires à ses mœurs et à ses véritables sentiments, et les républicains placés entre les révolutionnaires quand même de l'école des Hébert et des Ronsin et une foule surprise par des institutions auxquelles elle ne s'attendait pas, et devenue froide et méfiante, ne pourraient plus que recourir à la dictature ou abandonner le pays à l'anarchie. — Ce sont justement là les écueils qu'il nous faut à tout prix éviter.

Le plus grand malheur, et, vu notre tempérament, il est à craindre, serait que la nouvelle Assemblée s'empressât de proclamer hâtivement la République pour n'avoir plus ensuite qu'à discuter les institutions. Si la République est proclamée, il faut qu'elle nous soit présentée accompagnée de toutes les institutions qui doivent l'environner, afin que nous sachions si c'est la République de 93 ou bien la République des consuls que nous acceptons, et même à un autre point de vue il faut qu'il y ait un acte constitutionnel auquel se rallient les républicains et qu'ils soient tous déterminés à défendre ; autrement les divisions des républicains entre eux se joindraient bientôt aux menées des monarchistes exaltés pour répandre la ruine et le désolation dans notre malheureux pays.

Que toutes choses ne soient pas remises en question. Que l'Assemblée actuelle ne nous impose pas de constitution, mais qu'elle nous propose deux projets de constitutions, l'une monarchique, l'autre républicaine ; si aucun de ces projets n'était agréé par le peuple, le renouvellement d'un tiers de nos députés (proportion qui amènerait des élections dans tous les départements) suffirait à modifier suffisamment notre législature, et nous éviterions par là de remettre nos destinées à la merci d'une de ces influences passagères qui si souvent dominent les élections.

Il faut que ce qui existe de fait soit reconnu dans la forme. En France il y a des républicains et des monarchistes, puis une foule immense qui n'a pas d'opinions préconçues, qui se porte tantôt à droite, tantôt à gauche et qui assure le triomphe de ceux qu'elle appuie.

Avant que la France s'engage avec l'un des deux grands partis rivaux, il faut que chacun d'eux lui fasse connaître ce qu'il se propose et ce qu'il est capable de faire pour garantir

la liberté, l'égalité, la paix intérieure, la justice, la partici-
pation des citoyens aux affaires publiques, enfin pour assurer à chaque habitant du pays le plein exercice du droit de
se gouverner soi-même dans les choses qui le concernent
seul, et pour rendre certain que chacun sera préservé de
toute oppression indue de quelque part qu'elle vienne,
soit du gouvernement, soit de simples individus en quelque
nombre qu'ils soient.

Ce n'est pas la toute-puissance de la masse qui constitue
la liberté, c'est l'inviolabilité du droit de chacun. Mais en
France combien de fois n'a-t-on pas agi comme si on l'igno-
rait !

Me dira-t-on que le choix des députés aurait d'avance
décidé la question ? C'est là ce qu'on ne saurait soutenir.
Personne n'ignore que dans les élections, les questions de
personnes se mêlent dans une mesure essentiellement va-
riable aux questions purement politiques. D'ailleurs les
voix d'un parti se divisent parfois sur plusieurs candidats,
de telle sorte qu'un candidat républicain sera nommé, bien
qu'en somme il y ait eu dans le département plus de votes
monarchistes que de votes républicains. Enfin, il y a des
électeurs qui ne votent pas parce qu'ils ne connaissent aucun
des candidats, — d'autres qui ne votent pas parce qu'ils
connaissent également deux candidats rivaux. En somme
n'y aurait-il pas tout lieu d'espérer que le nombre des abs-
tentionnistes diminuerait si une question purement politique
était posée au pays ?

Je prétends donc que le résultat des élections ne saurait
décider la question de savoir à quelle forme de gouvernement nous devons nous arrêter.

Je pense que vous reconnaîtrez avec moi, Monsieur, que
la proposition simultanée de deux projets de constitutions

aurait du moins l'avantage de provoquer de la part du véritable souverain, qui à votre avis comme au mien est la nation, un plus sérieux examen et d'écarter en grande partie le danger que j'ai signalé plus haut d'une adoption de confiance.

C'est ici le lieu de répondre à une objection que vous faites à l'adoption d'une monarchie : vous dites que les royalistes de l'Assemblée sont divisés et qu'ils « ne possèdent, » même au point de vue strictement parlementaire, qu'une » force négative. » Qu'il me soit permis de vous rappeler que les divers gouvernements monarchiques, qui se sont succédé en France depuis 80 ans ont en général eu la bonne fortune de se maintenir assez longtemps, de sorte qu'on a pu se faire une idée précise et bien nette de chacun d'eux, tandis qu'il n'en a pas été de même de nos divers gouvernements républicains qui, en général, ont été instables et de courte durée. Ainsi, depuis 1792, nous avons eu l'acte constitutionnel de 1793 qui ne fut point appliqué ; ce que l'on eut à cette époque ce fut le gouvernement de la Convention, le règne de la Convention et le gouvernement de son Comité de Salut public, puis de nouveau le gouvernement réel de la Convention. En 1795, nous eûmes la Constitution dite de l'an III avec le régime directorial. L'an VIII on inaugura le régime consulaire qui, tout en subissant quelques modifications, dura jusqu'à l'établissement de l'Empire en 1804 (an XII). Enfin, en 1848, nous avons eu la courte apparition de la République dont vous avez été l'historien.

Qu'en résulte-t-il ? C'est qu'en France la République est une inconnue, un idéal. C'est une forme de gouvernement dont une grande partie des Français n'ont aucune expérience et sur laquelle ils n'ont aucune idée bien arrêtée. On se dit républicains et on se donne la main se croyant coreligionnaires, et cependant, Monsieur, quel abîme entre vous même qui ne voudriez pas de président et ces républicains qui voudraient un président élu pour dix ans et même un président à vie ?

Dans ces conditions-là, votre parti serait fatalement destiné à se déchirer de ses propres mains dès qu'il aurait triomphé. Il serait donc important que les institutions auxquelles il aspire fussent nettement définies. Jusque-là, l'union des républicains ne peut être considérée que comme un mirage trompeur qui s'est produit parce que la généralité des citoyens n'a que des idées vagues sur ce qu'est et sur ce que doit être un gouvernement républicain. Tant que les républicains en masse ne se seront pas ralliés à un programme clair et précis, leur union ne peut être citée comme un argument en leur faveur ; car cette union ne résulte pas de l'accord, mais bien plutôt du vague et de l'incertitude de leurs idées.

Je m'empresse de le reconnaître, les monarchistes sont aujourd'hui divisés au sujet des dynasties, divisés au sujet des institutions, mais leur grande force vient de ce que les institutions qu'ils veulent sont connues par expérience et nettement définies ; de là pour eux un terrain solide de discussion. S'ils arrivent jamais, ce ne pourra être que lorsqu'ils se seront entendus sur les institutions, s'en remettant d'ailleurs au suffrage universel qui aurait adopté leur projet constitutionnel du soin de désigner la dynastie.

Cette constitution ne serait l'œuvre ni de l'exaltation ni de l'enthousiasme ; elle serait le fruit de l'expérience de ces trois grandes subdivisions du parti monarchique qui ont pendant de longues années gouverné la France et qui pendant longtemps se sont combattus et censurés avec ardeur. — Le jour du triomphe des monarchistes sera celui où leurs dissensions auront cessé.

Je ne puis donc que l'appeler de tous mes vœux. Tandis que, je crois en avoir donné quelques raisons, le jour où triompheraient les républicains serait celui où commenceraient leurs divisions, et malheureusement je n'ai pas à chercher bien loin pour trouver un exemple à l'appui de ce que j'avance. — La dernière Commune de Paris était une Assemblée non-seulement toute républicaine mais toute radicale et tout entière élue par la population d'une seule et même ville. Eh bien! les membres de cette Assemblée se sont-ils entendus et leurs divisions ne justifient-elles pas les plus sinistres prévisions?

Comment pourrait-il en être autrement? nombre d'expressions dont aucune expérience pratique n'a précisé le sens ont cours et sont consacrées par l'usage. Qu'entend-on par exemple par gouvernement de tous par tous? Est-ce le gouvernement de l'unanimité des citoyens, et serait-il question d'établir en France une institution qui a perdu la Pologne? Hors du gouvernement de l'humanité il n'y a point de système politique qui n'oblige un plus ou moins grand nombre d'hommes à incliner leur opinion devant celle d'autrui. Avec la forme démocratique ce sera le plus petit nombre qui devra s'incliner devant le plus grand, mais il y aura toujours une partie plus ou moins considérable de la population qui devra obéir à des lois contraires à ses vœux. L'acte constitutionnel de 1793, par exemple, établit le gouvernement de tous par la majorité des citoyens, mais en aucune façon il n'établit un gouvernement que l'on puisse appeler avec justesse le gouvernement de tous par tous.

Paris. — Imp. Balitout, Questroy et Cᵉ, rue Baillif, 7.